JE FAIS DES CHOIX ET J'ASSUME !

Prendre des décisions professionnelles
totalement satisfaisantes

Par Véronique Vesiez

50MINUTES.fr

JE FAIS DES CHOIX ET J'ASSUME !

- **Problématique ?** Comment dépasser la difficulté de faire des choix et assumer les décisions prises ?
- **Utilité ?** Effectuer des choix professionnels réfléchis est déterminant pour l'équilibre et permet d'avancer en toute conscience vers les objectifs que l'on s'est fixés.
- **Contexte professionnel ?** Gestion de carrière, évolution professionnelle.
- **FAQ ?**
  - Comment mon cerveau procède-t-il pour prendre une décision ?
  - Quelles sont les conséquences d'un « non-choix » ?
  - Dois-je poser des limites à mes choix ?
  - Peut-on parler de bon ou de mauvais choix ?
  - En quoi une meilleure connaissance de soi permet-elle de réaliser des choix satisfaisants ?
  - Dois-je me faire accompagner lors d'un choix professionnel important ?

Nous sommes tous confrontés à certains moments de notre vie à des choix professionnels : sélection d'un métier, changement de poste, création d'entreprise, passage à un régime de travail différent, etc. Petits ou grands, à notre initiative ou par sollicitation d'un tiers, ces choix à effectuer nous placent souvent en situation d'inconfort, voire de stress en cas d'indécision.

Certains diront que « choisir, c'est renoncer », comme l'affirmait l'écrivain André Gide (1869-1951) pour souligner la difficulté de l'exercice. Mais au-delà d'un renoncement, choisir, c'est se confronter à l'inconnu, prendre un risque – puisque l'issue n'est pas garantie – et, par là, donner une orientation à son parcours, avancer dans une direction précise. Il s'agit d'un pari nécessaire sur l'avenir.

Apprendre à faire des choix est donc primordial, car c'est cela qui nous permet de modifier une situation insatisfaisante, de conserver ce que nous avons ou encore d'évoluer vers nos objectifs de vie, sans dépendre des autres.

Mais concrètement, comment dépasser l'indécision ? Comment être sûr de nos choix et assumer la direction prise en toute sérénité ? Comment choisir ce qui nous rend heureux ? Découvrez en 50 minutes nos conseils pratiques pour effectuer des choix professionnels satisfaisants, et vous y tenir !

B.A.-BA DU CHOIX BIEN PENSÉ

POURQUOI EST-CE SI DIFFICILE DE FAIRE UN CHOIX ?

Les limites de l'approche rationnelle

Les recherches en sciences cognitives montrent que nous prenons toutes nos décisions en deux temps. En premier lieu, nous rassemblons des informations et examinons les options disponibles, ce qui nous permet d'en éliminer certaines. Ensuite, nous comparons les options restantes afin d'évaluer l'engagement et les actions nécessaires pour chacune d'elles, ainsi que leurs conséquences à long terme.

Plus le choix nous semble important, plus nous essayons de le rationaliser. C'est la fameuse méthode d'une colonne « pour », une colonne « contre ». Cela permet de clarifier la situation en faisant un tri entre les avantages et les inconvénients, et en évaluant les conséquences sur nous et notre environnement. Mais, souvent, cela ne nous permet pas de trancher ! En outre, une réflexion trop poussée peut nous conduire à rester dans un « non-choix », ce qui engendre anxiété et culpabilité.

RÉFLÉCHIR, MAIS PAS TROP

Les chercheurs en neurosciences ont constaté que plus nous amassons des données sur un sujet, plus nous risquons de nous éloigner de l'essentiel. En effet, le potentiel de notre cortex préfrontal, responsable de nos raisonnements, ne peut gérer qu'une certaine quantité d'informations à la fois. Un excès de données peut donc nuire à notre lucidité et nous éloigner de ce qui compte vraiment.

L'infinité des possibles

Autrefois, nous vivions à travers le groupe et nous conformions à un destin défini à la naissance. La cohésion et l'équilibre du groupe primaient sur notre épanouissement personnel. En promulguant la liberté et l'égalité, les révolutions et la démocratie ont individualisé la société et donné à chacun la responsabilité de son propre bonheur. « La liberté est devenue un devoir, pas seulement une possibilité. Mais en devenant une contrainte, elle se vide de son sens ! » (PÉRONNET (Valérie), « Choix : pourquoi nous hésitons », in *Psychologies*, janvier 2010), explique la philosophe et chercheuse Michela Marzano (née en 1970).

Conséquence : nous sommes très souvent dépassés par l'infinité des possibilités de choix qui s'offrent à nous et l'écrasante responsabilité qu'elle fait peser sur nos épaules.

La résurgence des peurs

Dans un choix, un certain nombre de facteurs échappent à la raison, notamment nos peurs, qui peuvent freiner la prise de décision. Selon Lise Bourbeau (née en 1941), auteure canadienne de plusieurs best-sellers et fondatrice de l'école Écoute Ton Corps, il existe des peurs réelles (lorsque l'on fait face à un vrai danger) et des peurs « irréelles », par exemple :

- peur de prendre un risque ;
- peur de se tromper ;
- peur de renoncer à quelque chose ;
- peur de se sentir enfermé ;
- peur de décevoir ;
- etc.

Les peurs irréelles, créées par notre imaginaire, sont liées à des croyances qui se sont formées pour la plupart durant notre enfance suite à des expériences vécues, observées ou apprises. Afin d'éviter que ces expériences douloureuses se reproduisent à nouveau, nous avons développé certains comportements qui visent à nous protéger, mais qui parallèlement nous enferment.

LES MESSAGES CONTRAIGNANTS

Sur la base des travaux d'Éric Berne (psychiatre américain, 1910-1970), fondateur de l'analyse transactionnelle, le psychologue américain Taibi Kahler (né en 1943) a identifié cinq messages appelés *drivers* qui influencent nos comportements :

- sois fort ;
- sois parfait ;
- dépêche-toi ;
- fais des efforts ;
- fais plaisir.

Ces messages, enregistrés dès notre enfance au travers de notre éducation, de notre culture et de nos expériences, sont à l'origine des limitations que nous nous imposons. Les connaître et les accepter, c'est apprendre à redevenir nous-même et non pas celui ou celle que l'on attend de nous.

La peur du changement est également très présente et ancrée en chacun d'entre nous. Nous avons tendance à aimer nos habitudes, car c'est plus sécurisant. Changer demande de sortir de cette zone de confort, d'aller vers l'inconnu sans avoir de certitudes que les choix opérés seront satisfaisants pour nous.

Dans son livre *Qui a piqué mon fromage ?*, Dr Spencer Johnson (auteur américain, né en 1940) met en exergue nos comportements face aux difficultés et aux défis de la vie, à travers l'histoire de quatre petits personnages, les « minigus » :

- Flair, qui décèle le changement dès ses premières manifestations ;
- Flèche, qui précipite l'action ;
- Pelochon, qui redoute et rejette le changement, craignant qu'il lui cause du tort ;
- Baluchon, qui sait s'adapter à temps dès lors qu'il comprend que le changement peut être synonyme de mieux.

Notre attitude face au changement est donc déterminante lorsque nous sommes amené à faire un choix professionnel.

La méconnaissance de soi

À travers nos choix, ce que nous recherchons probablement, c'est l'accès au bonheur.

Selon Frédéric Lenoir (philosophe, sociologue et écrivain, né en 1962), « nos modes de vie accélérés nous empêchent de nous relier à ce qu'il y a de plus profond en nous. Nous voulons tout faire et nous manquons de temps. » (« Entretien avec Frédéric Lenoir dans La Vie », in *livredepoche.com*)

LES COMPOSANTES DU BONHEUR

Selon Frédéric Lenoir, les scientifiques s'accordent sur le fait que le bonheur vient :

- pour 50 %, de la génétique (gènes, hérédité) ;
- pour 40 %, de nos décisions et actions (nos choix de vie, le sens qu'on lui donne, nos engagements, nos rencontres, nos activités) ;
- pour 10 %, des conditions extérieures (le pays dans lequel nous vivons, notre milieu social, notre cercle familial).

« La clé de la sagesse est l'allègement, l'autolimitation de nos désirs, en les ajustant au monde tel qu'il est : limité et en crise. Cultiver l'essentiel, c'est ce à quoi nous invitent tous les courants de sagesse du monde, des stoïciens aux bouddhistes, en passant par Spinoza, Montaigne... et Jésus. En empruntant ce chemin du juste choix, nous trouverons davantage de joies et nous les vivrons plus profondément », explique Frédéric Lenoir (*ibid.*).

La méconnaissance de soi, le fait de ne pas savoir ce que nous voulons vraiment, la recherche de désirs inadaptés peuvent donc nous rendre fragile face à nos choix professionnels comme face à nos choix de vie.

COMMENT EFFECTUER DES CHOIX PROFESSIONNELS SATISFAISANTS ?

Explorer les facteurs externes

Pour mieux comprendre, prenons un exemple universel, une question que chacun devrait se poser à un moment ou à un autre, et même à plusieurs reprises : « Pour m'épanouir professionnellement, dois-je rester dans mon entreprise et continuer à exercer ce métier ou ferais-je mieux de rechercher un nouvel emploi, une nouvelle activité ? »

Identifiez tout d'abord le contexte environnemental du choix à effectuer. Étudiez les facteurs pouvant entrer en jeu dans votre décision.

- Comment fonctionne l'organisation de votre entreprise ? Quels en sont les modes de décision ?
- Quelles sont les perspectives d'emploi ou de création d'activité dans le domaine qui vous intéresse ?
- Informez-vous sur les secteurs économiques, les types d'entreprises, les localisations dans lesquelles s'exerce la profession souhaitée.
- Quelles sont les qualités professionnelles et personnelles nécessaires à l'exercice du métier envisagé ?
- De quels moyens financiers avez-vous besoin pour vous lancer dans tel nouveau projet ou suivre telle formation ?

- Qui sont les personnes expertes qui peuvent vous conseiller ? N'hésitez pas non plus à solliciter l'avis et le soutien de votre entourage.
- Imaginez les risques ou obstacles que vous pourriez rencontrer.

Effectuer une introspection

Le philosophe néerlandais Baruch Spinoza (1632-1677) pensait que le chemin qui mène au bonheur est de réaliser sa nature profonde. Cela demande de bien se connaître, de définir ce qui nous convient et ce qui ne nous convient pas. Il est donc essentiel de noter tout ce que vous connaissez de vous-même, car plus vous vous connaissez, plus vous augmentez vos chances de choisir ce qui vous convient. Prenez du recul pour faire le point sur les éléments suivants :

- votre expérience professionnelle actuelle et passée ;
- vos aptitudes et compétences ;
- vos traits de personnalité ;
- vos goûts et centres d'intérêt ;
- vos peurs et vos désirs ;
- vos besoins (satisfaits et non satisfaits) ;
- vos principales valeurs (cf. partie <u>À vous de jouer !</u>) ;
- vos envies et vos aspirations ;
- vos freins et points d'amélioration.

Pour chacune de ces catégories, écrivez tout ce qui vous vient à l'esprit, depuis la simple description jusqu'à vos ressentis dans telle ou telle situation. Tentez de faire un bilan de ce que vous savez de vous-même.

REVENIR À SES VALEURS

Respect, générosité, justice, liberté, plaisir, authenti-
cité... Les valeurs sont issues de nos expériences et de
notre éducation. Elles sont des repères et répondent à
la question « Pour quoi ? » Elles sont ce en quoi nous
croyons profondément, ce qui fait sens pour nous et qui
motive nos comportements et interactions avec notre
environnement. Lorsque nous faisons un choix, revenir
à nos valeurs est essentiel, car cela nous permet d'agir
à plusieurs niveaux :

- être en harmonie avec nous-même ;
- donner du sens à nos actions ;
- gérer les priorités et le stress ;
- dégager confiance et sérénité face à nos projets.

Maryvonne Lorenzen, coach et co-auteure du livre *Faire
les bons choix*, conseille d'observer deux ou trois décisions
cruciales prises dans son parcours et de repérer les facteurs
qui ont influencé les choix effectués : préjugés, contraintes
de la société, origine, entourage... En analysant ainsi vos
propres comportements et vos motivations profondes,
vous pourrez effecteur de nouveaux choix en toute lucidité,
en phase avec la réalité de la situation.

COURT-CIRCUITER SES PEURS

Lorsque nous ressentons de la confusion ou de l'incer-
titude devant un choix, la bonne approche consiste à
tenter d'identifier nos peurs et nos fausses croyances

face à la situation en se posant quelques questions. Le psychosociologue et écrivain français Jacques Salomé (né en 1935) considère en effet qu'à l'intérieur de chaque peur, il y des désirs : identifier nos peurs permettrait donc d'accéder à nos désirs, et donc de prendre des décisions dans une relative sérénité.

- Quelle est ma crainte par rapport à cette décision ?
- Durant l'enfance, ai-je souvenir d'avoir eu la même crainte ?
- Dans quelles circonstances se manifeste-t-elle le plus souvent ?
- Est-elle fondée ?
- À quelle croyance est-elle associée ?
- Qu'est-ce que cette peur m'empêche d'avoir, de faire ou d'être ?
- Quel désir cette peur cache-t-elle vraisemblablement ?
- Quels moyens puis-je mettre en place pour satisfaire ce désir ?

Écouter ses émotions et son intuition

« Pour se décider, Richard Branson, le PDG de Virgin, se base sur l'excitation ressentie ou pas par la proposition qui lui est faite. L'homme d'affaires hongrois Georges Soros lui, avoue se fier à son mal de dos, exactement proportionnel au risque d'un placement financier ! »
(FONTAINE (Isabelle), « 5 conseils pour prendre la bonne décision au bon moment », in *huffingtonpost*, novembre 2013)

Les émotions sont un système d'alerte, susceptible de donner des informations précieuses sur une situation donnée. Apprenez à repérer les signaux corporels qui accompagnent vos émotions : tension, détente, maux d'estomac ou de tête, frissons, chair de poule, accélération cardiaque...

Face à un choix, demandez-vous :

* Comment je me sens par rapport à ce choix ?
* Comment cela se manifeste dans mon corps ?
* Qu'est-ce qui fait que je ressens ceci ou cela ?
* Quelles sont les idées qui me viennent spontanément à ce sujet ?

Votre intuition peut également s'avérer un véritable levier de décision pour faire des choix professionnels judicieux. Selon une enquête menée à la fin des années quatre-vingt-dix par le Dr Jagdish Parikh, chercheur à la Harvard Business School, 80 % des 13 000 cadres dirigeants interrogés attribuent leur succès à leur intuition. L'Américain Herbert Simon (1916-2001), chercheur spécialiste de l'intuition en entreprise, explique que « l'intuition est directement liée aux expériences et à l'apprentissage. Le manager, à l'image du joueur d'échec, sait intuitivement quelle action convient dans telle situation, car son cerveau a engrangé des ensembles d'informations associatives et de probabilités préalables. » (FONTAINE (Isabelle), « Intuition en entreprise : une révolution en marche ? », in *histoiredintuition.com*, juin 2014)

Clarifier son intention

Selon Dominique Chalvin, psychologue et sociologue, « la plupart de nos frustrations professionnelles résultent d'une absence de hiérarchisation claire entre les divers objectifs possibles ». Il préconise de situer son travail dans l'ensemble de son existence, en se donnant des buts réalistes et en osant être un « stratège honnête », c'est-à-dire pouvoir anticiper, établir des plans d'actions adaptés, prévoir des positions de repli, mais aussi être capable de rectifier ses comportements s'ils ne sont pas en accord avec nous-même.

La décision étant le résultat d'une intention, il est important de savoir ce que vous voulez vraiment et non pas seulement ce que vous ne voulez pas. Cette conscience de ce vers quoi vous tendez permettra de renforcer votre détermination et votre motivation pour l'obtenir.

Pour être au clair avec vous-même :

- choisissez des objectifs concrets avec des délais de réalisation ;
- définissez des étapes, des objectifs intermédiaires en accord avec vos valeurs ;
- demandez-vous quel résultat ou bénéfice vous souhaitez obtenir à travers ce choix.

Définir un objectif « SMARTE »

- **S**pécifique : votre objectif doit être précis et contextualisé ;
- **M**esurable : il doit en outre pouvoir être quantifié, avec des étapes précises à atteindre ;
- **A**tteignable : vous croyez pouvoir réussir ;
- **R**éalisable : l'objectif est réaliste dans votre contexte spécifique ;
- **T**emporel : vous avez défini des étapes et dates butoirs sur lesquelles vous pouvez vous engager raisonnablement ;
- **É**cologique : l'objectif doit être acceptable pour

COMMENT SE TENIR À SES DÉCISIONS ?

Une fois la décision prise, il arrive que, malgré notre motivation, nous n'arrivions pas à passer à l'action, que nous hésitions encore.

Accepter l'inconnu

> « Il vaut mieux rompre avec ses vieilles habitudes, car à force de répéter sans cesse les mêmes comportements, on obtient toujours les mêmes résultats. »
> (JOHNSON (Spencer), *Qui a piqué mon fromage ?*)

Se poser sincèrement la question du changement est essentiel pour valider votre choix et respecter votre équilibre et celui de votre entourage.

- Quelle est votre motivation profonde ?
- Êtes-vous vraiment prêt à changer maintenant ?
- Quels avantages de la situation actuelle voudriez-vous garder ?
- Y a-t-il pour vous ou vos proches un inconvénient à changer ?
- Qu'espérez-vous gagner à travers ce changement ?
- Qu'êtes-vous prêt à perdre de la situation actuelle ?
- Ce changement vous permettra-t-il d'avoir la vie à laquelle vous aspirez ?

Attention aux choix que vous faites pour ne plus subir une situation douloureuse, car vous risquez d'entrer dans une stratégie d'évitement, dans ce qu'on appelle la « répétition des scénarios de vie » : tant que le problème n'est pas résolu ou dépassé, le scénario se répète inlassablement. Bien sûr, si vous vivez une situation inconfortable, il est positif de prendre les choses en main, de rechercher le changement ; mais restez attentif à ne pas choisir automatiquement la fuite. Considérez tous les éléments en prenant du recul et vérifiez que la décision que vous prenez n'est pas uniquement liée à l'évitement d'un mal-être, mais bien à une réelle envie de progresser dans votre vie professionnelle.

Assumer et relativiser

> « Il n'y a jamais d'échec, il n'y a que des expériences. »
> (CLAEYS BOUUAERT (Michel), *L'éducation émotionnelle de la maternelle au lycée*, p. 22)

Assumer ses responsabilités, c'est être acteur de ses choix, en accepter les conséquences et apprendre de ses expériences.

La plupart des choix ne sont pas irrémédiables, ni définitifs. Il est toujours possible de prendre de nouvelles décisions, de mener d'autres tentatives et d'ajuster ses choix. Chaque décision est donc une nouvelle occasion de se rediriger vers ce qui est important. Et heureusement, car nos valeurs non plus ne sont pas immuables ; elles évoluent au fil de notre vie et de nos expériences. Cela signifie que, bien qu'un choix malheureux s'avère rarement une catastrophe irréparable, chaque choix mérite toutefois que nous nous y arrêtions, que nous considérions les options qui s'offrent à nous, afin de ne pas nous laisser entraîner par nos habitudes et de nous assurer d'avancer vers nos objectifs.

Prendre le temps

« Une décision, c'est un processus. On y distingue trois phases. Il y a d'abord l'exploration (ou l'analyse) de la situation, puis la période d'incubation, pendant laquelle on pèse le pour et le contre, et finalement l'eurêka !, ce moment où on sait enfin qu'on tient la bonne solution, qu'on est prêt à la mettre en pratique », explique Sylvie Labelle, animatrice et conférencière (LAURIER (Andrée), « Des méthodes efficaces pour prendre de bonnes décisions », in *Coup de pouce*, septembre 1994).

S'accorder quelques jours ou semaines avant de valider sa décision permet de confronter son choix à la réalité : apprendre à mieux le connaître, se questionner par rapport à l'avenir, imaginer ce que serait son quotidien avec ce choix. Cela nous rassurera quant au bien-fondé du choix effectué. Attention toutefois à se fixer un délai de réflexion au-delà duquel la décision ne devra plus être remise en question, au risque de retomber dans une spirale d'indécision paralysante !

S'engager

Littéralement, s'engager, c'est « se mettre en gage ». Et se mettre en gage soi-même, cela signifie prendre des risques volontairement. Pour cela, il est nécessaire d'avoir une bonne confiance et estime de soi.

Stephen R. Covey (homme d'affaires et conférencier américain, 1932-2012) préconise de « rédiger un énoncé de mission personnel, une sorte de philosophie, de credo personnel exprimant ce que vous voulez être (caractère), et faire (actions et projets à réaliser), les valeurs et les principes sur lesquels vous basez ce devenir et ces actions » (*Les 7 habitudes de ceux qui réalisent tout ce qu'ils entreprennent*).

Passez un contrat avec vous-même, en écrivant les grandes lignes de votre choix dans un cahier, en le signant et en le relisant régulièrement.

Se projeter dans l'avenir

> « Les athlètes de haut niveau ont un grand pouvoir de visualisation. Ils voient, ressentent et vivent en pensée ce qu'ils vont accomplir ; Ils partent avec la conclusion en tête. »
> (JEANNE (Christian), *Que l'énergie soit avec vous*, p. 50).

Conçue et popularisée par le cancérologue américain Carl Simonton dans les années soixante-dix à des fins thérapeutiques, la visualisation permet de revenir dans la réalité de nos propres possibilités.

L'idée est de se représenter dans les moindres détails (lieu, sensation, attitude désirée, étape…) la situation telle que nous souhaitons qu'elle se réalise : cela prépare notre cerveau à atteindre les objectifs que nous nous sommes fixés et nous permet d'ancrer ces objectifs dans la réalité. Ce faisant, le choix devient généralement plus aisé, car nous pouvons en imaginer les conséquences. Selon Christian Jeanne « l'imagerie mentale, c'est-à-dire la visualisation d'une situation où l'on se voit en train d'accomplir une action, est à ranger dans un tiroir de sa mémoire pour la ressortir instinctivement chaque fois que l'on sera confronté à une situation comparable ».

Passer à l'action

> « Pour qu'il y ait un changement véritable, il faut non seulement une prise de conscience, mais il faut en plus une action et de la persévérance. »
> Carl Gustave Jung (psychiatre suisse, 1875-1961)

Une fois votre décision prise, veillez à organiser sa mise en œuvre :

- préparez-vous à investir du temps, de l'énergie et de la persévérance ;
- identifiez les tâches à entreprendre ;
- élaborez le calendrier des actions, avec des étapes intermédiaires ;
- prévoyez les moyens à mobiliser ;
- imaginez les solutions aux éventuels obstacles ;
- surveillez régulièrement l'avancée de votre plan d'action, afin de rester concentré.

TOP CONSEILS

- Analysez objectivement votre situation professionnelle, en gardant un regard sur vos autres domaines de vie : personnel, familial, financier, social, santé...
- Face à un choix professionnel, imaginez les différentes options qui s'offrent à vous.
- Restez ouvert à toutes les possibilités pour laisser venir une voie qui n'aurait peut-être pas été entrevue jusqu'à présent.
- Effectuez votre choix en tenant compte de ce qui est vraiment important pour vous (vos valeurs, vos besoins, vos désirs...). Demandez-vous quel bénéfice ou résultat vous recherchez à travers ce choix.

> « Nos valeurs sont un véritable filon, une mine de motivation intrinsèque et d'épatantes raisons [de] faire ce que nous faisons, elles sont au cœur du sens de nos vies professionnelles et de nos projets. Par extension, elles favorisent des actions fluides qui nourrissent le plaisir, et donc un état d'esprit positif, entreprenant, tourné vers l'action. »
> (PASCUAL (Sylvaine) « 8 étapes pour gérer les périodes de doute », in *ithaquecoaching.fr*)

- Écoutez vos émotions afin de sentir ce qui est réellement bon pour vous face à votre choix.

> « Ayez le courage de suivre votre cœur et votre intuition, l'un et l'autre savent ce que vous voulez devenir ! »
> Steve Jobs, discours à Stanford en 2005

- Faites le test de « Je le sens ou je le sens pas ? » : face à un choix, posez-vous cette question et écoutez la réponse qui vient spontanément. C'est alors votre intuition qui parle, et elle peut vous en apprendre beaucoup sur vous-même si vous apprenez à l'écouter. Elle peut également vous faire gagner un temps considérable lors de vos prises de décision en vous épargnant une recherche d'informations trop poussée. Restez lucide en repérant les facteurs qui influencent votre choix : préjugés, sociétés, origine, entourage…

> « Ce n'est pas parce que les choses sont difficiles que nous n'osons pas. C'est parce que nous n'osons pas qu'elles sont difficiles. À force de remettre à plus tard, la vie nous dépasse. »
> Sénèque

- Prenez le temps de mûrir vos réflexions en vous accordant des pauses, en méditant…
- Tenez un journal en écrivant vos réflexions et vos ressentis face aux choix que vous faites.
- Afin d'ouvrir le champ des possibles, changez votre mode de décision en faisant appel à la raison si vous être intuitif ou au contraire en développant votre intelligence intuitive si vous êtes habitué à recourir à la raison.
- Voyez le changement comme un levier d'apprentissage et d'évolution.
- Commencez par effectuer des petits choix pour vous entraîner à prendre de grandes décisions.

FAQ

COMMENT MON CERVEAU PROCÈDE-T-IL POUR PRENDRE UNE DÉCISION ?

Le Dr Lesley Fellows, neurologue et chercheuse à l'hôpital neurologique au Québec, a montré que le cerveau utilise deux zones cérébrales distinctes pour décider. L'un s'intéresse à l'objet de la décision et l'autre aux actions nécessaires à la réalisation de cet objet.

- Le cortex préfrontal, au cœur du processus de décision, permet l'organisation face au changement, l'atteinte d'objectifs, la mise en place de plans d'action et la décision. Les recherches de Lesley Fellows ont notamment mis en évidence que des personnes ayant eu une blessure dans cette zone ont des difficultés à choisir et définir des objectifs.
- Le système limbique, siège des émotions et notamment de la peur, permet dans le processus de décision d'évaluer les actions nécessaires à l'obtention de chaque option.

QUELLES SONT LES CONSÉQUENCES D'UN « NON-CHOIX » ?

> « Choisir de ne pas choisir, c'est encore faire un choix. »
> Jean-Paul Sartre

Ne pas opérer de choix, s'en remettre au hasard ou aux décisions des autres nous place dans une position de spectateur.

Se laisser mener de cette manière finit obligatoirement par entraîner de la frustration, de la souffrance, de la culpabilité. Le non-choix est un facteur passif qui entame la confiance en soi et empêche une évolution personnelle propice à la réalisation de soi. Prendre conscience des choix qui s'offrent à nous et s'engager dans telle ou telle direction parce qu'on l'a décidé, c'est au contraire devenir maître de sa vie.

Assumer ses choix n'est évidemment pas toujours facile. Nous risquons de nous tromper et donc de nous exposer à des conséquences fâcheuses ; il faut cependant garder à l'esprit que même une erreur nous en apprend plus sur nous-même que la simple passivité. Puisque nous avons la chance d'être libre de faire des choix, ne la gaspillons pas !

DOIS-JE POSER DES LIMITES À MES CHOIX ?

Carlo Moïso (psychiatre et psychothérapeute italien, 1945-2008) a identifié des situations, les « 5 I », sur lesquelles l'individu n'a aucune action possible, constituant ainsi la limite de nos choix (GALLOTTI (Anna) et LORENZEN (Maryvonne), *Faire les bons choix*, p. 135) :

- **l'injustice de la vie**. Accepter ce sur quoi nous n'avons pas de prise, agir dans le présent et sur les événements sur lesquels nous avons un impact réel permet de limiter la volonté de vengeance, les regrets et les ressentiments, ainsi que la victimisation ;
- **l'inadéquation de l'homme**. Prendre conscience que nous ne sommes pas Dieu permet de réduire l'illusion de la perfection, de retrouver l'humilité et la conscience de

la valeur des autres, tout en assumant notre unicité ;
- **l'inévitabilité de la fin et de la mort**. En traçant une ligne de temps entre un début et une fin, nous devenons plus lucide et vivons avec plus de conscience et de sens ;
- **l'irréversibilité du passé**. En mesurant l'impact possible de notre passé, nous sommes plus enclin à nous pardonner, à mieux vivre nos deuils, à vivre le présent plutôt que d'idéaliser le passé, et à opérer des transitions positives face aux changements ;
- **l'imprévisibilité du futur**. Le fait de ne pas connaître l'avenir nous motive à faire des choix, à progresser, à donner du sens à nos actions.

PEUT-ON PARLER DE BON OU DE MAUVAIS CHOIX ?

Si vous réussissez à chasser l'idée de perfection, à changer votre regard sur vos décisions, à intégrer que tout est expérience, vous comprendrez qu'il n'y a pas de bon ou de mauvais choix. Ce qui compte vraiment dans votre choix, c'est que votre projet avance et commence à se réaliser. Prendre de nouvelles décision permet d'apprendre, d'évoluer, d'avancer.

Au moment de faire un bilan, vous saurez si votre choix était judicieux ou pas. Vous pourrez alors analyser les circonstances qui ont mené au résultat obtenu et retenter autre chose si nécessaire.

EN QUOI UNE MEILLEURE CONNAISSANCE DE SOI PERMET-ELLE DE RÉALISER DES CHOIX SATISFAISANTS ?

L'apprentissage de nos besoins à travers l'étude de nos comportements, de nos attitudes, de nos résistances et de notre façon de fonctionner nous permet d'apprendre comment agir et réagir.

Nous parvenons à mieux saisir les causes et les effets de nos décisions et de nos choix de vie. En nous ouvrant à la connaissance de nous-même, nous nous donnons l'opportunité de nous libérer des comportements limitatifs qui nous gardent prisonniers de nos peurs, de nos croyances ou d'interprétations trompeuses.

DOIS-JE ME FAIRE ACCOMPAGNER LORS D'UN CHOIX PROFESSIONNEL IMPORTANT ?

Effectuer un bilan de compétences, recourir à un coach ou solliciter votre entourage sont certainement des actions très utiles à l'heure d'opérer un choix déterminant. Un regard extérieur peut apporter des ressources complémentaires et mettre en exergue des orientations auxquelles vous n'auriez pas forcément pensé.

En vous faisant accompagner par un professionnel, « vous pourrez exprimer sans jugement vos ressentis, vos doutes, vos aspirations, vos envies et aussi faire le tri dans toute cette complexité. Vous serez accompagné à trouver les repères utiles pour orienter vos choix en fonction de vos nécessités et votre environnement. Vous pourrez explorer les pistes possibles, "accoucher" de votre vérité intérieure en vous rapprochant de votre être profond. C'est vous qui décidez pour vous-même, en ayant fait monter votre niveau de conscience, en toute autonomie, libre de vos scénarios passés. » (FOSSET (Patrice), *La conscience de changer*, p. 82)

À VOUS DE JOUER !

ANALYSEZ VOTRE SITUATION ACTUELLE

Voici quelques exemples de questions à se poser pour approfondir la situation :

- Quel a été mon cheminement dans cette entreprise ?
- Quels sont mes points forts et mes points d'amélioration au niveau professionnel ?
- Mes compétences sont-elles en adéquation avec les besoins du marché ?
- Qu'est-ce qui est vraiment le plus important pour moi dans mon travail ?
- Quelle est la qualité de mes relations avec ma hiérarchie, mes collègues ?
- Quel objectif me suis-je fixé pour faire avancer ma carrière ?
- Quel impact mon cadre familial a-t-il sur mon activité professionnelle ?
- Ma situation financière est-elle stable ?
- Suis-je plutôt un solitaire ou une personne de relation ?
- Dans quel contexte se situe mon choix ?
- Quelle est la principale raison qui me donne envie de changer aujourd'hui ?
- Quel bénéfice j'attends d'un changement d'orientation ?
- Que suis-je prêt à risquer ou à perdre ?
- Est-ce que ce choix dépend entièrement ou partiellement de moi ?
- Suis-je dans l'urgence de faire un choix ? Et si oui, à quoi est-ce dû ?

- Quelles formations et quelles expériences ai-je acquises ou dois-je acquérir, permettant la réalisation de mes rêves ? ...

(Questionnements inspirés du parcours « Changer de job ? 7 étapes pour faire le bon choix » de Béatrice Gomez)

PRIORISEZ VOS VALEURS

- Commencez par lister 20 valeurs qui vous semblent importantes ou que vous pensez être à l'origine de vos comportements (pour vous inspirer, n'hésitez pas à effectuer une recherche internet).
- Sans réfléchir, de manière intuitive, retenez les 10 valeurs les plus importantes pour vous, en vous demandant ce que vous vous dites ou faites quand vous agissez en fonction de cette valeur.
- Inscrivez ces 10 valeurs à la fois dans la première colonne et dans la première ligne d'un tableau.
- Comparez ensuite ces valeurs deux à deux en déterminant laquelle des deux est la plus importante à chaque fois, et notez 1 ou 0 dans la case correspondante.
- Faites le total pour chaque valeur et gardez les 3 valeurs principales.
- Enfin, demandez-vous si les valeurs retenues correspondent à votre choix professionnel. Si ce n'est pas le cas, commencez à explorer vos options.

	Amour	Écoute	Liberté	Authenticité	Apprentissage	Sérénité	Créativité	Séduction	Respect	Plaisir	Total
1. Amour		1	1	0	1	1	1	1	1	1	8
2. Écoute	0		0	0	0	0	0	1	0	0	1
3. Liberté	0	1		0	1	0	0	1	0	0	3
4. Authenticité	1	1	1		1	0	1	1	1	1	8
5. Apprentissage	0	1	0	0		0	0	1	0	0	2
6. Sérénité	0	1	1	0	1		1	1	1	0	6
7. Créativité	0	1	1	0	1	0		1	1	0	5
8. Séduction	0	0	0	0	0	0	0		0	0	0
9. Respect	0	1	1	0	1	0	0	1		0	4
10. Plaisir	0	1	1	0	1	1	1	1	1		7

Mes trois valeurs principales sont :

1	Amour
2	Authenticité
3	Plaisir

EXERCEZ VOTRE INTUITION

Pensez au choix que vous avez à effectuer et isolez-vous dans un endroit calme. Concentrez-vous sur votre respiration et détendez-vous. Laissez apparaître un paysage connu ou imaginaire, synonyme de calme et de sérénité. Promenez-vous dans ce paysage en étant attentif au décor et aux sensations qu'il éveille en vous.

Vous arrivez à une intersection où le chemin se divise en deux, trois voies ou plus. Chaque voie indique une alternative possible à votre questionnement, que vous en ayez conscience ou non. Prenez un premier chemin en étant attentif à votre ressenti et en notant tous les détails que vous imaginez (ambiance, météo...). Interrogez-vous : où pensez-vous arriver avec ce chemin ? Y a-t-il des obstacles ? Êtes-vous seul ou rencontrez-vous d'autres personnes ? De quelles qualités avez-vous besoin pour emprunter ce chemin ?

Votre exploration terminée, retournez à l'intersection et prenez le chemin suivant, en procédant de la même manière. Lorsque vous ne voyez plus de chemin encore inexploré, retournez dans votre paysage initial et reposez-vous un instant. Repensez à ce que vous avez vécu en suivant les différentes options et demandez-vous quel est celle qui vous a apporté le plus de joie. Si vous êtes suffisamment relaxé et concentré sur vous-même, vous devriez distinguer plus ou moins clairement la voie à suivre. Que ce soit le cas ou non, terminez l'exercice en prenant quelques inspirations et expirations profondes et en notant dans un cahier vos impressions de façon précise. Si vous n'avez pas réussi à analyser suffisamment vos ressentis pour prendre une décision, prenez un peu de temps pour vous détendre et recommencez l'exercice.

(Cheminement inspiré de l'article de JUNG (Sylviane), « L'intuition en exercice 4 : prendre la bonne décision », in *lescheminsdelintuition.com*, octobre 2011)

Votre avis nous intéresse !
Laissez un commentaire sur le site de votre librairie en ligne
et partagez vos coups de cœur sur les réseaux sociaux !

POUR ALLER PLUS LOIN

SOURCES BIBLIOGRAPHIQUES

- BOURBEAU (Lise), *Les 5 blessures qui empêchent d'être soi-même*, Paris, Pocket, 2013.
- CHALVIN (Dominique), *L'affirmation de soi*, Montrouge, ESF Éditeur, 2016.
- CLAEYS BOUUAERT (Michel), *L'éducation émotionnelle de la maternelle au lycée*, Gap, Le Souffle d'Or, 2013.
- COTTREAUX (Jean), *La répétition des scénarios de vie. Demain est une autre histoire*, Paris, Odile Jacob, 2003.
- COVEY (Stephen R), *Les 7 habitudes de ceux qui réalisent tout ce qu'ils entreprennent*, Paris, J'ai lu, 2012.
- « Entretien avec Frédéric Lenoir dans La Vie », in *livredepoche.com*, consulté le 16 janvier 2017. http://www.livredepoche.com/pour-aller-plus-loin/29435-entretien-avec-frederic-lenoir-dans-la-vie
- FONTAINE (Isabelle), *Développez votre intuition pour prendre de meilleures décisions*, Montrouge, Leduc.s Éditions, coll. « Quotidien Malin », 2013.
- FONTAINE (Isabelle), « 5 conseils pour prendre la bonne décision au bon moment », in *huffingtonpost*, novembre 2013, consulté le 3 janvier 2017. http://www.huffingtonpost.fr/isabelle-fontaine-/5-conseils-pour-prendre-la-bonne-decision-au-bon-moment/
- FONTAINE (Isabelle), « Intuition en entreprise : une révolution en marche ? », in *histoiredintuition.com*, juin 2014, consulté le 3 janvier 2017. https://histoiredintuition.com/2014/06/11/une-revolution-en-marche/
- FOSSET (Patrice), *La conscience de changer*, Londres,

Bookboon.com, 2014.

- GALLOTTI (Anna) et LORENZEN (Maryvonne), *Faire les bons choix*, Paris, Eyrolles, 2015.
- GLADWELL (Malcolm), *La force de l'intuition*, Paris, Robert Laffont, 2007
- GUENIAT (Julien), « Voici comment connaître ses valeurs (Un système bluffant !) », in *leader-blogueur.com*, 2014, consulté le 3 janvier 2017. https://www.leader-blogueur.com/comment-connaitre-ses-valeurs/
- JEANNE (Christian), *Que l'énergie soit avec vous*, Morrisville, Lulu autoédition, 2012.
- JOHNSON (Spencer), *Qui a piqué mon fromage ?*, Neuilly-sur-Seine, Michel Lafon, 2000.
- KAHLER (Taibi), *La process thérapie*, Paris, Eyrolles, 2010.
- LAURIER (Andrée), « Des méthodes efficaces pour prendre de bonnes décisions », in *Coup de pouce*, septembre 1994.
- LENOIR (Frédéric), *Du bonheur, un voyage philosophique*, Paris, Fayard, 2013.
- MARZANO (Michela), *Extension du domaine de la manipulation de l'entreprise à la vie privée*, Paris, Grasset, 2008
- MIELCZARECK (Vanessa), *Guide de la personne heureuse*, Paris, Le Courrier du livre, 2009.
- PASCUAL (Sylvaine), « 8 étapes pour gérer les périodes de doute », in *ithaquecoaching.fr*, consulté le 3 janvier 2017. http://www.ithaquecoaching.com/articles/8-etapes-pour-gerer-les-periodes-de-doute-1906.html
- PÉRONNET (Valérie), « Choix : pourquoi nous hésitons », in *Psychologies*, janvier 2010, consulté le 16 janvier 2017. http://www.psychologies.

com/Moi/Se-connaitre/Comportement/Articles-
et-Dossiers/Savoir-faire-les-bons-choix/
Choix-pourquoi-nous-hesitons

- SPENCER (Johnson), *Qui a piqué mon fromage ?*, Neuilly-
sur-Seine, Michel Lafon, 2000.
- THOMASS (Balthasar), *Être heureux avec Spinoza*, Paris,
Eyrolles, 2008.

SOURCES COMPLÉMENTAIRES

- « Changer de job ? 7 étapes pour faire le bon choix », formation proposée par Béatrice Gomez, coach, formatrice
et conférencière. http://www.trouvermonemploi.com/
montez-a-bord
- « Et si vous pouviez apprendre à assumer la responsabilité de vos choix, simplement ? », in *reussitepersonnelle.
com*, consulté le 3 janvier 2017. https://www.reussiteper-
sonnelle.com/assumer-la-responsabilite/
- JUNG (Sylviane), « L'intuition en exercice 4 :
prendre la bonne décision », in *leschemins-
delintuition.com*, octobre 2011, consulté le
3 janvier 2017. http://lescheminsdelintuition.com/
lintuition-en-exercice4-prendre-la-bonne-decision/
- LARIVÉE (Josée), « Quand la peur nous mine l'existence »,
in *coupdepouce.com*, mai 2012, consulté le 3 janvier 2017.
http://www.coupdepouce.com/vie-perso/psychologie/
article/quand-la-peur-nous-mine-l-existence
- MARTIN (Véronique), « Prendre la bonne
décision : méthode et outils », capcohérence.
fr, février 2016, consulté le 3 janvier 2017.
https://www.cap-coherence.fr/blog/2016/2/28/

prendre-la-bonne-decision-methodes-et-outils

- SIMONTON (Carl), « Bienvenue dans le monde de la visualisation créative », in *visualisation-creative.com*, consulté le 3 janvier 2017. http://www.visualisation-crea-tive.com/

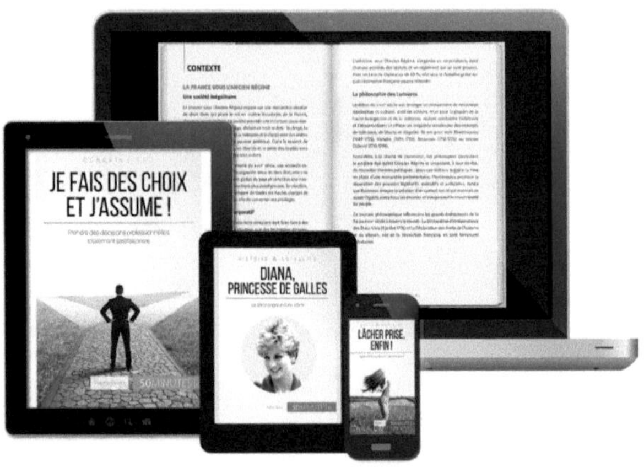